Tabla de contenido

INTRODUCCIÓN 1
CAPÍTULO 1 - UN LÍDER IMPROBABLE 3
CAPÍTULO 2 - CONVIRTIÉNDOSE EN EL COMANDANTE 8
CAPÍTULO 3 - EL PRIMER CONTACTO CON LA REVOLUCIÓN 14
CAPÍTULO 4 - UNA LUNA DE MIEL EN NUEVA YORK 19
CAPÍTULO 5 - ENCENDIENDO LA REVOLUCIÓN 25
CAPÍTULO 6 - LA HISTORIA ME ABSOLVERÁ 33
CAPÍTULO 7 - LA REVOLUCIÓN CUBANA 38
CAPÍTULO 8 - ENFRENTAMIENTO CON EL TÍO SAM 44
CAPÍTULO 9 - EL FRACASO 49
CAPÍTULO 10 - UNA CUBA SIN CASTRO 53
CONCLUSIÓN 56
VEA MÁS LIBROS ESCRITOS POR CAPTIVATING HISTORY 57
FUENTES 58

Introducción

Fidel Castro. Dependiendo de a quién le pregunte, el nombre puede inspirar repulsión, odio, admiración, incredulidad, temor, o incluso amor. Su historia es una que ha cambiado el curso de la historia del mundo y el rostro de la isla de Cuba.

Desde sus humildes comienzos como un escolar de Santiago, pasando por sus días como un joven abogado rebelde, hasta la dura lucha de la Revolución cubana, y en el desafío de sus décadas como presidente de Cuba, cada acción de Fidel Castro estuvo marcada por la pasión. En el amor, en la política y en la guerra, era un intelectual cuya increíble mente estaba equilibrada por una tendencia a sentir lujuria, ira y determinación a una escala sin precedentes.

Castro es conocido en el mundo capitalista como un oponente de los EE. UU., una mancha en la cara del mundo libre, y un dictador tiránico. Sin embargo, un poco de investigación revela que hay más en el hombre de lo que se ve a simple vista. El mundo vio a un tirano con uniforme verde oliva, pero en este libro, asegúrese de escuchar la historia del hombre detrás de esos ojos ardientes. Escuche la historia de un niño que escribió una carta a un presidente estadounidense pidiendo diez dólares, un hombre que una vez pronunció un discurso de cuatro horas de memoria, un soldado que dirigió un ejército de 19 contra una fuerza de 20.000 y ganó, un dictador cuya insignificante isla se enfrentó a todo el poderío de los Estados Unidos de América, y una figura histórica que dejó atrás una de las cinco únicas naciones comunistas del mundo.

Castro era más que un simple político. La suya es una historia que involucra viajes heroicos a través de océanos turbulentos, aventuras con mujeres jóvenes de todo el mundo, espías, asesinos, traición, conquista, disturbios y batallas. Fue controvertido, inimitable, cruel, valiente, terco, irrespetuoso de los derechos humanos y totalmente indomable. Pero, sobre todo, nunca se rindió. Y esta es su historia.

Capítulo 1 - Un líder improbable

Con la lengua afuera en la concentración, el adolescente se inclinó laboriosamente sobre el papel, escribiendo con un guion minuciosamente lento y ordenado.

Mi buen amigo Roosvelt,

No sé mucho inglés, pero sé tanto como para escribirte...

Se detuvo, golpeando su bolígrafo en el papel, preguntándose qué decir a continuación. ¿Cómo se dirige uno al presidente de los Estados Unidos, de todos modos? Decidió felicitar al presidente por su reelección, aunque no conocía la palabra inglesa para "término" y usó palabra en español "un-periodo" en su lugar. Entusiasmado, añadió una petición de un "billete de diez dólares verde americano", porque nunca había visto uno antes. Los pesos cubanos de los años 40 eran todos azules o grises; la idea de que el dinero fuera verde era nueva y desconcertante, y, además, los dólares americanos valían mucho en Cuba en aquellos días. Escribió su discurso para que el que el presidente Roosevelt supiera dónde enviar el billete deseado. Estaba bastante seguro de que gran parte del último párrafo estaba en un inglés vacilante.

No sé mucho inglés, se disculpó, pero sintió que aún tenía que defender un poco su orgullo. Pero yo sé mucho español y supongo que tú no sabes mucho español, pero sabes mucho inglés porque eres americano, pero yo no soy americano.

Sintiendo que esta era una explicación adecuada, el adolescente cerró con su agradecimiento y un *Good bye*, luego firmó la carta con una floritura: *Fidel Castro.*

* * * *

Ángel Castro y Argiz nació como un pobre campesino gallego en Láncara, España. El reclutamiento le obligó a entrar en el ejército español cuando era solo un adolescente, y en 1895, el ejército le llevó a Cuba para luchar contra la amplia rebelión de los cubanos nativos contra el férreo control de España. La guerra de Independencia cubana terminó en 1898 cuando los Estados Unidos intervinieron y derrotaron a España en cuestión de semanas, y Ángel volvió a Láncara como un joven enojado y resentido que odiaba la facilidad con la que América había ganado.

Volvió a casa a un pueblo que no tenía nada para él. La economía española había sido golpeada por décadas de guerra, y no había oportunidades para los cientos de jóvenes soldados ahora desempleados que estaban inundando el país. Desesperado por un futuro, Ángel volvió sus pensamientos a Cuba. El país estaba devastado por la guerra, pero inundado de oportunidades ahora que la esclavitud había sido abolida y los cubanos estaban empezando a reconstruir su destrozada economía. En 1906, Ángel y su hermano abordaron un barco con destino a La Habana, Cuba, para comenzar su nueva vida.

Con sangre, sudor, trabajo duro, y no poca deshonestidad, Ángel se forjó una vida contra viento y marea. A pesar de su odio y sospecha de los americanos, Ángel demostró ser un exitoso hombre de negocios en sus tratos con ellos. Empezó como obrero en las minas de Santiago de Cuba, se convirtió en copropietario de una mina en 1910, y en 1914, pudo comprar su propia granja.

En 1911, Ángel se casó con María Argota y Reyes. Su matrimonio produjo cinco hijos, pero no duró. Mientras estaba casado con María, Ángel comenzó un romance con una sirvienta llamada Lina Ruz González. María quería riquezas y lujos; siempre le regañaba para que se mudara a Santiago donde podía relajarse en la opulencia y la abundancia. Lina, por otro lado, era una niña salvaje. Era casi treinta años más joven que Ángel y compartía su amor por la naturaleza; quería montar a caballo y trabajar duro, y él la amaba por ello. En 1923, cuando Lina tenía solo veinte años, dio a luz a su primer hijo de Ángel, una niña llamada Angelita. El siguiente, Ramón, nació en 1924. Finalmente, el 13 de agosto de 1926, en el caserío de la plantación de azúcar, Lina trajo al mundo un bebé que se convertiría en una de las figuras más influyentes del siglo XX. Lo llamó Fidel, que significaba "fiel".

Sin embargo, al principio el niño no se llamaba Fidel Castro, porque nació fuera del matrimonio y, aunque Ángel se había divorciado de María, le pusieron el apellido materno de Ruz. Solo después de la boda de Ángel y Lina se cambió oficialmente su nombre por el de Fidel Castro Ruz, o simplemente Fidel Castro en la convención de nombres en inglés.

Fidel pasó sus primeros años creciendo en la plantación de azúcar de Ángel. Su padre, aunque descrito como cariñoso e involucrado, era severo e inflexible cuando se trataba de sus hijos. A pesar de que Ángel era ya un próspero hombre de negocios, sus pequeños hijos crecieron entre los trabajadores del campo y sus hijos. Esto significaba que la infancia de Fidel estaba lejos de estar protegida. En cambio, pasó mucho tiempo con los trabajadores, que eran pobres y algunos incluso dicen que, eran explotados por Ángel, y en su mayoría haitianos negros. Esto sembró las semillas de dos rasgos que se convertirían en el centro del carácter y las ideologías políticas de Fidel: un corazón para los pobres y la falta de discriminación racial.

Ángel estaba decidido, sin embargo, a darle a Fidel una cosa que siempre le había faltado. Incluso siendo un hombre de mediana edad, Ángel apenas sabía leer y escribir, y echaba de menos la educación que sus padres no habían podido darle. Cuando Fidel tenía solo seis años, Ángel lo envió a vivir con su maestro en Santiago de Cuba. Estaba decidido a enviar al niño a la universidad algún día.

Quedarse con el profesor en Santiago fue un comienzo poco prometedor. A pesar del hecho de que Fidel estaba ansioso por recibir una educación, la vida con su maestro fue dura. Sus habitaciones eran demasiado pequeñas, y Fidel, Angelita y Ramón a menudo se acostaban con el estómago vacío. Estas condiciones continuaron durante dos años antes de que Ángel hiciera bautizar a Fidel en la Iglesia católica romana, lo que permitió a Fidel asistir a las escuelas católicas, que eran algunas de las instituciones educativas más prestigiosas de Cuba.

El primero de ellos fue La Salle, también en Santiago de Cuba. Este era un internado, y las condiciones eran considerablemente mejores allí que en la casa del maestro de Fidel, pero Fidel pronto demostró ser un estudiante difícil y rebelde. Se aburría e irritaba por todas las actividades académicas; le hacía salir canas a sus maestros, aunque era evidente que era un niño salvajemente inteligente. Tal vez era demasiado inteligente, el sistema escolar no podía manejar su combinación de fuerte voluntad y rapidez para aburrirse, y por eso se resistió a cada paso.

La Salle no podía manejar a Fidel, así que Ángel decidió enviarlo a la cercana Escuela Dolores en su lugar. Las cosas no eran mejores en Dolores. Este colegio dirigido por los jesuitas era privado y muy prestigioso, y solo aceptaba estudiantes de las clases media y alta, y fue aquí donde Fidel finalmente comenzó a florecer académicamente. Socialmente, sin embargo, seguía siendo bastante impopular. Sus compañeros de clase lo apodaban "Bola de Churde", que significa "bola de tierra".

Fue en la Escuela Dolores donde Fidel escuchó en la radio la reelección del presidente Roosevelt para un tercer mandato. Decidió escribirle una carta al presidente americano, y puede que esta sea la primera vez que Fidel Castro piensa en política.

Se convertiría en uno de los principales políticos de su tiempo. Y su carrera política estaba a punto de comenzar en el campus de la Universidad de La Habana.

Capítulo 2 - Convirtiéndose en El Comandante

Ilustración 1: La Universidad de La Habana en 2007

Las calles de La Habana estaban llenas de gente. Bajo las luces del Hotel Nacional, hombres con trajes y sombreros de bolos se codeaban con elegantes damas en deslumbrantes vestidos. Los coches americanos merodeaban por las calles, buscando lugares donde ganar dinero y divertirse. Muchos de ellos eran turistas americanos o miembros de la rica clase media cubana, mientras que otros, burlándose de sus cigarros cubanos, eran jefes de la mafia. La

Habana era el lugar donde todos podían congregarse, sin tener que dar explicaciones. Presidente tras presidente corrupto había hecho la vista gorda a los lucrativos hoteles y casinos que llenaban la capital. Las drogas, las prostitutas, el juego y el alcohol estaban a disposición de cualquiera que tuviera dinero en el bolsillo.

Los clubes que se alineaban en las calles se llenaban de música mientras las estrellas de cine americanas y los gánsteres italianos se reían en los bares, chupando copas de cócteles tropicales y midiendo el tamaño de las mujeres poco vestidas que actuaban para el público alborotado.

Algunos de los turistas habían recogido periódicos esa mañana y vieron una nueva cara salpicada en los titulares. El rostro era joven, su dueño solo tenía veinte años, pero ya había una seria intensidad en los ojos oscuros bajo las pesadas cejas que daban gravedad a las palabras impresas al lado de la fotografía. El rostro pertenecía a un joven estudiante de la Universidad de La Habana, que había pronunciado un discurso público sobre la corrupción en el gobierno. El estudiante dijo que el actual presidente, Ramón Grau San Martín, era culpable de nepotismo y de usar su poder para sus propios fines en lugar de cualquier tipo de ayuda al pueblo. Grau era corrupto, dijo el estudiante, y tenía que rendir cuentas por sus crímenes. Mientras los ricos y famosos disfrutaban de los lujos de La Habana, este estudiante declaró apasionadamente que la gente común estaba siendo explotada para la prostitución o el comercio de drogas en las calles. Las bandas se mataban entre sí en los callejones, una cultura violenta que se extendió al cuerpo estudiantil cuando las bandas empleadas por el gobierno comenzaron a atacar a los estudiantes más inquietos que organizaban protestas y trataban de concienciar sobre los problemas a los que se enfrentaban. Los estudiantes llevaban armas y eran absorbidos por la vida de las pandillas, dijo el joven. Ellos mismos estaban cometiendo delitos. Y eso no era ni la mitad. Lo que los turistas americanos no vieron en la opulenta Habana fue el sufrimiento de la gente que tenía que traer sus lujos. Los cortadores de caña y otros trabajadores agrícolas de la parte oriental de Cuba solo eran empleados durante una parte del año con horarios ridículos y un salario lamentable.

Era injusto, proclamó el chico. Era injusto que el gobierno se paseara por todas las delicias de este paraíso tropical mientras los pobres sufrían y morían al borde de las carreteras esperando un apoyo médico que nunca llegó y trabajos que no pagaban debido a una educación que no se daba. Algo tenía que hacerse, exigió.

Pero ahora, la mayoría de los papeles estaban en las alcantarillas, descartados junto con las palabras del joven. Nada iba a detener la gran fiesta de La Habana. Además, ¿qué sabía este tal Fidel Castro? Solo era un estudiante de derecho. No sabía de qué hablaba.

* * * *

El primer contacto de Fidel con La Habana fue en 1945 cuando, para su último año escolar, fue enviado a estudiar al Colegio Jesuita Preparatorio de Belén en la capital de Cuba. La escuela era una de las más prestigiosas de Cuba. Construido por una carta real de la Reina Isabel II de España en 1854, la escuela había estado educando a niños católicos romanos durante casi cien años. Como Fidel se había comportado mejor en Dolores, incluso con un buen rendimiento académico, sus padres estaban orgullosos de poder enviarlo a Belén.

En su nueva escuela, Fidel finalmente comenzó a prestar más atención a sus estudios. Estaba particularmente interesado en la historia y la geografía, y se dedicaba al debate. Había algo poderoso en la forma en que este joven de ojos serios podía exponer un argumento; podía memorizar hechos y producir largos discursos prácticamente sin notas, y aunque eran muy extensos, era capaz de exponer un punto poderoso y de despertar emociones en sus oyentes.

Sin embargo, los académicos no eran el centro de la vida de Fidel. Prefería jugar al béisbol, de hecho, en un momento dado su aspiración era convertirse en un jugador de béisbol profesional, tal vez incluso en los Estados Unidos.

Sin embargo, en 1945, cuando Fidel se graduó de Belén como un sólido, pero no sobresaliente estudiante, había elegido una carrera diferente. Se matriculó en la Universidad de La Habana para estudiar derecho.

Fue aquí donde Fidel se introdujo por primera vez en el mundo de la política, Los estudiantes habían sido durante mucho tiempo uno de los grupos más activos e inquietos en la política cubana, desde que Cuba fue declarada independiente de España en 1902. Desde entonces el país había estado plagado de una mala administración y una continua participación de los Estados Unidos en sus asuntos políticos y militares, lo que llevó a repetidas revueltas, pequeños levantamientos y golpes militares. Parecía que la única manera de tratar con un presidente dictatorial que intentaba extender su mandato, algo que la constitución había sido modificada para permitir, era orquestar alguna forma de violencia.

El golpe más reciente había sido la Revuelta de los Sargentos de 1933, en la que un grupo de estudiantes universitarios se había unido a un sargento llamado Fulgencio Batista para derrocar a los militares y luego disponer rápidamente del gobierno. Grau había sido presidente por un período entonces, seguido por Batista. Ahora Grau había vuelto al poder, y el cuerpo estudiantil no estaba contento con ello. Ex profesor de la Universidad de la Habana, Grau sabía exactamente de lo que los estudiantes eran capaces. Decidió reprimir sus protestas y someter sus actividades mediante una técnica especialmente turbia: contactar con las numerosas bandas violentas de La Habana y pedirles que mataran y aterrorizaran a los líderes estudiantiles más destacados.

Cuando Fidel comenzó a asistir a la universidad en 1945, la política estudiantil era muy violenta. Algunos de los grupos estudiantiles habían decidido que, si no podían vencer a las pandillas, se unirían a ellas; ellos mismos se habían convertido en pandillas y estaban involucrados en una variedad de actividades criminales. Fidel decidió que no quería nada de eso, pero sí quería convertirse en un político. Empezó a hacer campaña para la presidencia de la Federación de Estudiantes Universitarios. A diferencia de muchos de sus compañeros, no estaba interesado en convertirse en un criminal. Su campaña se basaba en la justicia, oponiéndose firmemente al gobierno corrupto y represivo que existía actualmente. Tanto las pandillas como el gobierno se cansaron rápidamente de los discursos de Fidel sobre la honestidad y la justicia. Una vez que llegó a los titulares en 1946 con un discurso que atacaba directamente a la administración de Grau, Fidel se convirtió en un objetivo. Lo sabía, pero en vez de retroceder, empezó a llevar un arma y se mantuvo cerca de un grupo de amigos armados para protegerse.

La campaña de Fidel para la presidencia fracasó como era de esperar, pero no lo dejó así. Quería algo más que convertirse en presidente de un grupo de estudiantes universitarios. Esta primera campaña le había hecho tener hambre de más. Vio los problemas de su país, recordando la miseria en la que habían vivido los trabajadores de la plantación azucarera de su padre, observando la violencia que reinaba en las calles de La Habana, experimentando cómo el gobierno hacía todo lo posible por acallar cualquier voz que se levantara en su contra, y creyó que podía hacer un cambio para mejor. Quería involucrarse en la política real y marcar una verdadera diferencia.

La única pregunta era a qué partido político se uniría. Sin embargo, con un solo vistazo a los candidatos, la elección de Fidel quedó clara de inmediato. Solo había un político cubano en ese momento que estaba realmente comprometido con la exposición de la corrupción y la construcción de una Cuba libre y justa, y era Eduardo Chibás. Chibás tenía una emisión de radio todos los domingos que causó una impresión tan fuerte en Fidel como en el resto de la nación. A diferencia de sus compañeros políticos, que se paraban orgullosos en los escenarios y pensaban en formas fraudulentas de ganar votos, Chibás era conocido por sus seguidores como "Eddy" y a menudo permitía que la multitud en sus discursos le diera la mano, e incluso lo abrazara. La historia no ha podido encontrar una mancha en el carácter de Chibás; era un hombre genuinamente justo, que realmente quería mejorar su país. Fidel lo encontró irresistible.

Chibás era el líder del Partido del Pueblo Cubano, conocido en Cuba como el Partido Ortodoxo, y rápidamente se convirtió en el mentor de Fidel. Fue durante su tiempo con "Eddy" que Fidel comenzó a formar sus ideologías políticas. Respaldado por sus experiencias con los americanos y otros capitalistas como explotadores de las riquezas de Cuba, Fidel comenzó a inclinarse fuertemente hacia la izquierda, y Chibás, cuyo partido era fuertemente socialista, lo apoyó en este movimiento.

El tiempo que Fidel trabajó con Chibás no duraría mucho tiempo. En unos pocos años, la carrera de Chibás se vería interrumpida de una manera que nadie había visto venir. Pero por ahora, Fidel estaba creciendo en su papel de político. Y pronto, comenzaría a crecer en otro rol que lo definiría: el de revolucionario.

Capítulo 3 - El primer contacto con la revolución

Los focos se reflejaban en las olas mientras las patrulleras estadounidenses y dominicanas zumbaban en el agua de mar, buscando en el océano señales de lo que quedaba de la embarcación cubana que se había lanzado para la República Dominicana. Fidel se agachó en la cubierta de su fragata naval, viendo las luces brillantes de los enemigos que se deslizaban por el agua. Sabía que la misión se había convertido en un desastre antes de haber comenzado.

El grupo de exiliados dominicanos que había iniciado el ataque no había negociado la participación de los Estados Unidos. Sin embargo, ahora sus barcos estaban en todas partes, tripulados por infantes de marina de rostro sombrío con armamento avanzado y un número superior. No había forma de que el grupo de Fidel pudiera ganar, y sabía que de alguna manera tendría que escapar si quería tener alguna esperanza de hacer la diferencia que soñaba.

En silencio, Fidel se arrodilló en la cubierta y se desató las botas. Luego se deslizó hacia el agua tibia, fijó sus ojos en las tenues luces amarillas de la costa, y comenzó a nadar por su vida.

****La América Latina del siglo XX fue un caldero burbujeante de revolución. Mientras que el resto del planeta estaba ocupado en la Segunda Guerra Mundial, América Central y del Sur estaba en conflicto consigo misma. Hubo grandes revoluciones en Guatemala, Venezuela y Paraguay solo durante la década de 1940; otros países de la zona eran en su mayoría inestables y experimentaban violentos disturbios y golpes militares al mismo tiempo.

En comparación con las crisis que estaban atravesando algunos otros países, la cultura gánster en la que se vio envuelto Fidel era casi pacífica. Sin embargo, la charla sobre la revolución en el continente y las islas circundantes se le había subido a la cabeza a Fidel. Tenía hambre de algo más que de política: quería hacer cambios radicales, para ayudar a avanzar en lo que consideraba la libertad y una mejor calidad de vida para los pobres.

Su primera oportunidad llegó en julio de 1947. Rafael Trujillo estaba al mando de la República Dominicana, y el país estaba en problemas. Un dictador vicioso, Trujillo había llevado una vez una vida de crimen antes de utilizar una salvaje policía secreta para abrirse camino en el papel de presidente. Trujillo era arrogante, egoísta y hambriento de poder; estaba arrasando con su pueblo, arrasando comunidades campesinas enteras para hacer sitio a lucrativas plantaciones de azúcar cuyas ganancias iban a parar a su propio bolsillo, masacrando a miles de personas que se consideraban enemigas en otros países y utilizando los desastrosos huracanes como excusa para llevar a su pueblo a la pobreza. "Aquel que no engaña", dijo, "no sabe cómo gobernar".

Todo lo que Trujillo fue fastidiaba contra la persona en la que Fidel se esforzaba por convertirse. En ese momento, era presidente del Comité Universitario para la Democracia en la República Dominicana, y cuando el general Juan Rodríguez se acercó al Comité con un plan para derrocar a Trujillo, Fidel se unió sin dudarlo.

El plan fue un completo desastre. Los Estados Unidos estaban del lado de Trujillo, y los exiliados no tenían ninguna oportunidad contra el poderoso ejército de los Estados Unidos. Huyeron a Cuba, derrotados. Fidel solo escapó por su impetuoso, aunque temerario, movimiento de nadar de vuelta a la orilla bajo la cobertura de la oscuridad.

Todo el fiasco generó una gran desconfianza entre Grau y el aspirante a revolucionario. Grau había apoyado el intento de derrocar a Trujillo; Fidel y otros sospechaban que, de alguna manera, él no sabía de la implicación americana. Cuando Fidel volvió a La Habana, descubrió aún más razones para despreciar al actual presidente cubano. Los guardaespaldas del gobierno habían matado abiertamente a un adolescente, y muchos vieron el asesinato como injusto. Fidel era uno de ellos. Empezó a organizar protestas estudiantiles generalizadas, ignorando descaradamente la violencia de las bandas que Grau había orquestado para reprimirlas. El terror no le haría callar; estaba decidido a que su voz fuera escuchada.

Sin embargo, Fidel había sido poco sabio en su ruidosa denuncia del imperialismo y el capitalismo. En febrero de 1948, los mismos americanos que él acusó tan ruidosamente de imperialismo injusto decidieron que ya estaban hartos de que el comunismo se gestara delante de sus narices. Apoyaron a la fuerza policial de Grau en un violento ataque contra supuestos comunistas, y las protestas estudiantiles de Fidel salieron a la luz. Si el comunismo no se pudiera sacar de Fidel Castro, tal vez se le podría sacar a golpes. Los intentos de la policía de disipar un grupo de estudiantes se volvieron violentos cuando los estudiantes se negaron a dispersarse, y una fea pelea se desató en las calles de La Habana.

Un enjambre de policías descendió sobre el pequeño grupo de estudiantes, que seguían los gritos de su líder mientras este agitaba su señal y rugía de injusticia. La policía se abalanzó sobre ellos, los abrumó con su número y aplastó la protesta. Fidel trató de defenderse, pero eran demasiados. Un mar de hombres con brillantes botas hasta la rodilla y uniformes de cuello ajustado se agolparon a su alrededor y se echaron sobre él con sus botas y bastones. Fidel luchó al principio, pero una vez que cayó, siguieron adelante. Solo lo dejaron en paz cuando era poco más que un cúmulo sangrante en el pavimento.

La paliza sirvió para hacer exactamente lo contrario de lo que Grau y sus aliados de los Estados Unidos esperaban. Lejos de asustar a Fidel con sus ideas comunistas, lo llevó más lejos hacia ellas. Se volvió públicamente izquierdista, sus discursos adquirieron un sabor decididamente marxista-leninista, y comenzó a ser aún más ruidoso en sus críticas al gobierno de Grau.

Los moretones apenas habían salido del cuerpo de Fidel cuando viajó a Colombia en abril de 1948. El estadista estadounidense George C. Marshall y el presidente colombiano Alberto Lleras Camargo habían organizado allí una Conferencia Panamericana en un intento de hacer avanzar el capitalismo y la unidad a través de las Américas. Fidel y su grupo de estudiantes planeaban oponerse a ellos organizando una conferencia propia. Se desplazaron por Bogotá, la capital de Colombia, repartiendo panfletos sobre los males que se perciben en las naciones capitalistas, en particular en los Estados Unidos, mientras organizaban su conferencia.

Uno de sus partidarios era Jorge Eliécer Gaitán. Gaitán fue un político de toda la vida que ocupó varios cargos, incluido el de alcalde de Bogotá, y fue muy popular entre los pobres y las clases trabajadoras de Colombia. Aunque muchos de sus críticos dudaban de que fuera un buen candidato a la presidencia, era sin duda un buen orador público y tenía a las masas comiendo de su mano. Amaban sus apasionados discursos y su carisma lo convirtió en lo que el pueblo veía como un campeón, un salvador. Creían que Gaitán era el hombre que los liberaría a todos. Fidel se reunió con Gaitán mientras estaba en Colombia, y Gaitán aceptó asistir a la conferencia de estudiantes en apoyo.

La policía, sin embargo, no fue tan comprensiva. Atraparon a Fidel y a sus compañeros distribuyendo sus panfletos decididamente izquierdistas y los arrojaron rápidamente a la cárcel, donde permanecieron unos días antes de ser liberados. Cuando salieron, justo a tiempo para su próxima reunión programada con Gaitán, Fidel se encontró en una ciudad que estaba repentina y completamente en guerra consigo mismo. Mientras miraban horrorizados a una ciudad cuyas calles estaban inundadas de disturbios, Fidel y sus compañeros se enteraron de que Gaitán había sido asesinado a tiros a plena luz del día.

La matanza fue la excusa que la clase trabajadora colombiana necesitaba para estallar en disturbios. Gaitán había sido el héroe que los salvaría, y ahora que se había ido, su terror y su ira se desbordaron. Los disturbios comenzaron como un intento de atrapar al asesino de Gaitán, un joven enfermo mental llamado Juan Roa Sierra, que fue golpeado hasta convertirlo en una pulpa sin rostro y arrojado frente al Palacio Presidencial a pesar de los mejores esfuerzos de la policía. La policía y el ejército lucharon por recuperar el control de la población a medida que la violencia se extendía, quemando manzanas enteras de la ciudad, saqueando, bebiendo, saqueando y matando. Al amanecer, tres mil personas habían muerto. Los disturbios se conocieron como el Bogotazo, uno de los eventos más violentos de "La Violencia" colombiana.

Fidel, por su parte, no se mantuvo al margen. Llorando la pérdida de Gaitán, compadecido de la agonía de la clase obrera, e impulsado por la embriagadora marea de emoción que llevó los disturbios hacia adelante, actuó espontáneamente. Agarró un trozo de hierro y se sumergió en la turba, sustituyéndolo más tarde por un rifle de una comisaría saqueada, luchando contra la policía y el ejército con todo lo que tenía.

Fue su primera experiencia de una revuelta a gran escala. Y por mucho que la carnicería le dejara horrorizado, fue una experiencia que nunca lamentó.

Capítulo 4 - Una luna de miel en Nueva York

Ilustración 2: Mirta Díaz-Balart en 2014

Tal vez uno de los hechos más confusos sobre la vida de Fidel es este: En 1948, Fidel Castro se fue de luna de miel a Nueva York, pagado en parte por Fulgencio Batista.

Mirta Díaz-Balart era una joven de fuerte voluntad de una de las familias más ricas y prestigiosas de Cuba. Su padre era el alcalde de Banes y un importante político, al igual que su hermano, que había sido un favorito del régimen de Batista durante su primer mandato en entre 1940 y 1944 y que aún era un político que prometía ascender en las filas. Mirta, sin embargo, no tenía gusto por esas cosas. Era una soñadora y una pensadora; quería leer y formar sus propias teorías sobre cosas más grandes que la mera política, así que cuando fue a estudiar a la Universidad de La Habana, eligió seguir la literatura y filosofía.

Fue en la Universidad de La Habana donde conoció a un intrigante joven construido como un oso y con ojos cuya triste intensidad la atrajo. Por su parte, la fuerte personalidad de Mirta y sus hermosos rizos rubios llamaron la atención de Fidel de inmediato. Salieron durante unos años antes de anunciar en 1948 que querían casarse.

El hermano político de Mirta, Rafael, se enfureció inmediatamente. Partidario de Batista, Grau y otros regímenes capitalistas, Rafael se opuso firmemente a los ideales políticos de Fidel, y quizás se sintió un poco molesto de que Mirta eligiera casarse con un joven de tan común sangre. El padre de Fidel tuvo éxito, pero en última instancia, a los ojos de Rafael, era un agricultor sin cultura ni educación, sin importar cuántas granjas tuviera. La familia de Fidel, por su parte, desaprobaba igualmente el matrimonio. Sin embargo, Mirta y Fidel no se acobardarían. Se iban a casar sin importar lo que dijeran, y finalmente su familia cedió. De hecho, el padre de Mirta fue el que patrocinó su luna de miel, que duró tres meses y los llevó por toda la ciudad de Nueva York; también recibieron un regalo de 1.000 dólares de nada menos que Fulgencio Batista.

El propio Batista estaba entre las presidencias en ese momento. Un joven hecho a sí mismo, nacido ilegítimo como Fidel, pero rechazado por su padre y perdiendo a su madre cuando era solo un adolescente, Batista se había levantado por los cordones de sus botas.

Había sido un trabajador agrícola y ferroviario durante años antes de tener su primer golpe de suerte al convertirse en un destacado taquígrafo del ejército. Su habilidad en taquigrafía hizo que lo ascendieran a sargento, que fue cuando orquestó la Revuelta de Sargentos de 1933 para derrocar al gobierno. Después de siete años de gobernar efectivamente a través de presidentes títeres, Batista había sido presidente por un período a principios de la década de 1940.

En 1948, el propio Batista vivía en los Estados Unidos, de hecho, pasaba tiempo en el mismo hotel en el que Fidel y Mirta se alojaron durante su luna de miel: el Hotel Waldorf-Astoria. *In absentia*, se convirtió en senador cubano ese año, mientras se celebraban elecciones presidenciales en La Habana. Grau, que había sido presidente durante dos mandatos diferentes, decidió no presentarse a la presidencia. En su lugar, el papel de presidente recayó en Carlos Prío Socarras, que era el líder del mismo partido que Grau dirigió una vez.

Cuando Fidel y Mirta regresaron de su luna de miel para vivir una vida de felicidad de recién casados en La Habana, se encontraron con que la ciudad estaba una vez más alborotada. La policía de Prío había sido acusada del asesinato de un político negro cubano que también era amigo de Fidel. Enfurecido, Fidel se unió a las protestas, que fueron lo suficientemente amplias como para que Prío prometiera limpiar el desastre de su predecesor poniendo fin a la violencia de las pandillas que estaba desgarrando la Universidad de La Habana.

Aunque estaba cerca de completar su licenciatura en derecho, Fidel pasó la mayor parte de su tiempo formando su postura política en su lugar. Se dedicó a estudiar los escritos de los autores que continuaron empujándolo más a la izquierda, incluyendo las obras de Karl Marx y Vladimir Lenin. Sin embargo, no basó sus ideas solo en la teoría. Quería experimentar los problemas de Cuba de primera mano, por lo que hizo viajes a las zonas más pobres de La Habana: los *barrios* o favelas. Aquí, Fidel fue testigo de los horrores de la pobreza que había experimentado por primera vez en las provincias orientales. Sin embargo, las cosas en los barrios eran tan malas como las que había visto en Oriente. Las barriadas estaban llenas de gente enferma y analfabeta que ni siquiera podía leer los periódicos que les decían quién era el presidente, ya que sufrían en pequeñas y estrechas casas improvisadas. Fidel estaba disgustado por lo que vio. Culpó al capitalismo por lo que se le había hecho a esta gente, cegado por su odio a la actual administración. Tal vez si Fidel hubiera estado pensando más claramente, habría visto que la corrupción era el verdadero culpable. En cambio, decidió que el imperialismo y el capitalismo de los Estados Unidos eran los culpables de las horribles condiciones que vio, y decidió que iba a cambiar las cosas para mejor de alguna manera.

Fidel también odiaba el hecho de que estaba viendo la opresión generalizada de la gente negra. A pesar de que la esclavitud había sido abolida hace décadas y de que la participación de los combatientes negros había sido calificada de crucial durante la Guerra de Independencia de Cuba, la desigualdad racial seguía siendo un problema persistente en toda Cuba. Muchos blancos todavía veían a los negros y a los mulatos (mestizos) como inferiores. Las oportunidades y la educación eran desiguales entre las razas. Fidel recordó su infancia, cuando había crecido entre los negros haitianos en la granja de su padre. Habían sido personas amables, trabajadoras e inteligentes, gente real como todos los demás, y no merecían que se les tratara así. Eso lo enfureció.

Sin embargo, algo estaba a punto de distraer momentáneamente a Fidel de su gran misión, algo que llegó el primero de septiembre de 1949, en un diminuto y gritón bulto de humanidad infantil. Fidel Ángel Castro Díaz-Balart, el primer y único hijo de Fidel y Mirta, nació como un bebé sano en La Habana. Rápidamente adquirió el apodo de "Fidelito" simplemente un diminutivo de "Fidel" y la etiqueta se le pegó. Sería conocido como Fidelito la mayor parte de su vida.

La llegada del pequeño Fidelito hizo necesario mudarse a un apartamento un poco más grande para Fidel y Mirta, una mudanza probablemente financiada por la rica familia de Mirta. El propio Fidel estaba al borde de graduarse como abogado, un evento que debía tener lugar en 1950. Sin embargo, primero se vio envuelto en otro intento de arreglar los problemas de Cuba: el Movimiento 30 de septiembre. Orquestado por un grupo de comunistas, miembros del Partido Ortodoxo y otros opositores al régimen actual, el Movimiento pretendía solucionar el problema que las promesas de Prío no habían podido resolver: la violenta actividad de las bandas, especialmente en las universidades. Lejos de controlar las bandas que Grau había logrado manipular, Prío descubrió que las bandas hacían lo que querían, por lo que les ofreció puestos en el gobierno. El desastre resultante fue tan generalizado como era previsible. En lugar de mejorar, la violencia de las bandas se intensificó.

El 13 de noviembre, con su pequeño hijo de menos de seis semanas, Fidel pronunció un apasionado discurso en apoyo del Movimiento 30 de septiembre. Fue a la vez despiadado e imprudente. El Movimiento le había proporcionado los nombres de los funcionarios del gobierno que estaban involucrados con las pandillas; los nombró a todos, atrayendo la atención tanto de la prensa como de las propias pandillas. El discurso de Fidel tuvo éxito, pero casi lo matan. Las pandillas comenzaron a tratar de cazarlo por lo que había hecho para exponer sus negocios. Fidel no tuvo más remedio que huir, dejando a su mujer y a su pequeño hijo en La Habana para esconderse en el campo. Cuando las bandas lo encontraron allí, se dio cuenta de que tendría que dejar el país si su hijo iba a crecer con un padre vivo. Pasó varias semanas escondido en los Estados Unidos, esa poderosa nación que algún día se convertiría en su mayor enemigo.

Pero en este momento, Fidel Castro era un niño más que se escondía del caos en Cuba, y los EE. UU. lo protegieron hasta que consideró seguro regresar a La Habana. Un poco aturdido por la experiencia, y sin duda castigado por su esposa, Fidel decidió centrar su atención en sus estudios. Dio resultado, y en el mes del primer cumpleaños del pequeño Fidelito, Fidel se graduó con un doctorado en leyes.

Los oponentes políticos de Fidel soltaron todo un aliento colectivo. Finalmente, este caótico estudiante que había estado tan empeñado en causar problemas en toda América Latina había decidido establecerse con su esposa e hijo. Parecía, después de casi un año de paz y tranquilidad del frente de Fidel, que su carrera revolucionaria había terminado.

Nada más lejos de la realidad.

Capítulo 5 - Encendiendo la revolución

Ilustración 3: Un monumento a Eduardo Chibás

Con gran orgullo, Fidel siguió a su mentor en el estudio para la siempre popular emisión semanal de radio de Chibás. El discurso regular de Chibás a su gente fue un punto culminante de la semana cubana; les encantó el hecho de que les hablara como iguales, como compatriotas cubanos, no como una chusma sin voz y problemática. Su estilo de hablar extravagante y su manera de ser accesible también fueron equilibrados por el hecho de que Chibás estaba genuinamente tratando de erradicar todo tipo de corrupción en el gobierno. El propio senador Chibás desenterró los rumores de corrupción, los investigó para ver si eran ciertos, y luego los difundió al pueblo.

En este día en particular, descubrió una importante malversación de fondos. El ministro de educación había estado sacando dinero de esas mismas arcas que estaban destinadas a pagar la educación de todos esos campesinos analfabetos con los que Fidel había crecido, usándolo en cambio para comprarse un cómodo rancho en Guatemala. Chibás, o "Eddy" como él animaba a la gente a llamarlo, iba a señalarlo con el dedo en este día, si sus congresistas podían apoyarlo con pruebas de sus afirmaciones.

Sin embargo, sin que Fidel y el resto de la nación lo supieran, los congresistas de Eddy habían fracasado. O la investigación de Eddy lo había engañado, o sus congresistas estaban cansados del peligroso juego con el que exponía a estos hombres ricos y poderosos. Lo que sea que haya pasado, en su mente, Eduardo Chibás había fallado en hacer lo que había prometido a la gente que haría. Y para él, eso era un pecado imperdonable.

Fidel no sabía nada de los oscuros y desgarradores pensamientos que rondaban la mente de Eddy. Siguió fielmente al anciano al estudio mientras Eddy tomaba su lugar familiar detrás del micrófono. Un hombre atractivo y de rostro redondo, con una expresión honesta y una sonrisa lista, el tono de Eddy era inusualmente aburrido y carecía de su exuberancia normal al comenzar su emisión.

Fidel no estaba preocupado. Sabía que cualquier cosa que Eddy hiciera, era en el mejor interés de la gente. " El día que Chibás perciba una reducción en el afecto de los ciudadanos se meterá un balazo en el corazón, no de cobardía ante el fracaso", había dicho Fidel una vez, "sino para que su abnegación asegure la victoria de sus discípulos". ¡Sin incertidumbres! Estamos en presencia de un gran hombre". A la luz de lo que sucedió después, las palabras de Fidel son inquietantemente proféticas.

Mientras Fidel y la nación esperaban ansiosamente que Eddy probara que el ministro de educación era un ladrón, Eddy abrió su discurso con tristeza. Admitió que no había podido proporcionar pruebas de la malversación y se disculpó, con el corazón roto, por ese hecho. Luego se refirió a otros temas, en particular el de Fulgencio Batista. Era 1951, se avecinaban elecciones, y aunque Eddy sabía que hasta ese momento era el candidato más probable a la presidencia, sospechaba que Batista se estaba inquietando en las sombras. Ya lo había hecho una vez, y Eddy sabía que lo haría de nuevo: Batista daría un golpe de estado para tomar el poder. Eddy advirtió a la gente que esto podría suceder.

Entonces su emisión dio un giro repentino y oscuro que Fidel no esperaba. Con una dignidad trágica, Eddy se despidió de su pueblo. Se disculpó de nuevo y esperó que su siguiente acción hiciera alguna expiación por su fracaso. Metiendo la mano en su bolsillo, Eddy se despidió de su nación. Fidel solo pudo ver con horror enfermizo como su amado mentor sacó un revólver, lo colocó contra su abdomen y apretó el gatillo.

El disparo arrancó el marco de Eddy en la silla, el sonido de la misma resonó en todo el estudio. Fidel se precipitó hacia adelante. La gente gritaba a su alrededor, pero él solo vio el lento florecimiento de la sangre a través de la camisa de Eddy. Apretando los dientes por el dolor, Eddy mantuvo el arma firme y disparó dos veces más que le desgarraron el abdomen. Cuando Fidel lo alcanzó, los ojos de Eddy miraban fijamente al techo, su respiración era rápida y fuerte. Su piel estaba pálida como la masilla. Fidel acunó a su mentor, jadeando conmocionado mientras la mancha de sangre se extendía en el abrigo de Eddy.

Si Eduardo Chibás le dijo algo a Fidel Castro en ese momento, se ha perdido para la historia. Lo que se sabe es que Fidel ayudó a llevar el cuerpo roto y medio muerto de su precioso mentor al hospital.

Durante once días, Eddy colgó de un hilo, su cuerpo se aferró a la vida, y Fidel se quedó a su lado, tanto en la esperanza como en el luto. Pero solo había una manera de que esta lucha pudiera terminar. El corazón de Eddy no estaba en ello; había fallado a su gente, y había decidido que era un crimen castigado con el suicidio.El 16 de agosto de 1951, Eduardo Chibás murió en el hospital. A Fidel se le rompió el corazón.

* * * *

Después de graduarse en la Universidad de La Habana, Fidel había decidido abrir un bufete de abogados. Sin embargo, las esperanzas de sus padres de que se convirtiera en un próspero abogado y la esperanza de Mirta de que pudieran asentarse en una existencia rica como parte de la vasta y acomodada clase media cubana se vieron frustradas. En lugar de encontrar trabajo en uno de los grandes y corruptos bufetes de abogados de La Habana, Fidel decidió que iba a abrir su propio bufete. Otros dos amigos izquierdistas se unieron a él en la práctica, que tenía como objetivo representar a los cubanos más pobres, proporcionando una voz a las masas sin rostro que tan a menudo se encontraban abusadas y desfavorecidas. La idea encajaba con los ideales de Fidel de ayudar a los pobres, pero no encajaba con el apoyo a su pequeña familia. La práctica casi no producía dinero. Solo tenía un gran cliente, un comerciante de madera, e incluso él no les pagaba en efectivo, sino que proporcionaba muebles para la oficina.

Esto no ayudó a la situación doméstica de Fidel. Estresada y cuidando de su pequeño hijo, Mirta tuvo que ver cómo le quitaban los muebles y le cortaban las luces. Fidel volvía a casa todas las noches a un oscuro y desamoblado apartamento, su esposa preocupada, su hijo pequeño desconcertado. Pero con Chibás muerto, se centraba menos en sus negocios y más en la política. El espantoso y desgarrador suicidio de Chibás no había hecho nada para disuadir a Fidel de lo que él sentía que era su vocación; en cambio, estaba animado. Se vio a sí mismo como el sucesor elegido por Chibás, y se esforzó al máximo para convertirse en el líder del Partido Ortodoxo. Otros miembros del partido vieron que era demasiado radical para ser lo suficientemente popular, por lo que se le dio la oportunidad de presentarse a la Cámara de Representantes. Fueron sobre todo las nominaciones de los distritos más pobres, los que habían visto sus esfuerzos para ayudarlos, los que lo metieron en la campaña. De cualquier manera, Fidel se lanzó a su nueva carrera política.

A medida que llegaba 1952 y se acercaban las elecciones presidenciales, el Partido Ortodoxo comenzó a ganar fuerza y popularidad. Parecía que tenían una buena oportunidad de ganar las elecciones, aunque Chibás ya no estaba; el pueblo seguía siendo fiel al partido que había sido representado por el hombre que habían visto como su campeón. Pero en marzo de 1952, todos esos sueños se vieron truncados por un hombre que estaba a punto de convertirse en un dictador: Fulgencio Batista. Había probado el poder durante su primer mandato a principios de los 40, y no se cansaba de él. Sabiendo que no tenía ninguna posibilidad de ganar las elecciones por medios justos, Batista optó por ganar el poder de la única manera que conocía: mediante un golpe militar. Prácticamente no había oposición; sin un líder fuerte que los uniera, el pueblo solo podía ver con un mudo asombro cómo Batista tomaba el país y se anunciaba como su presidente.

Fidel estaba horrorizado. No solo la ideología política de Batista era completamente diferente a la de Fidel, sino que también se convirtió inmediatamente en un aliado de los Estados Unidos, la misma nación que Fidel consideraba que explotaba duramente los activos cubanos. Peor aún, pronto se hizo evidente que la voluntad de Batista de tomar el poder por la violencia también se tradujo en una tendencia a mantenerla por medio de más violencia. Cualquiera que se atreviera a decir lo que pensaba de Batista desaparecía misteriosamente, por cortesía de su brutal policía secreta, que era conocida por secuestrar, torturar e incluso matar a los oponentes de Batista.

Fidel vio con horror cómo la corrupción se profundizaba aún más y la violencia se hacía cada vez más prolífica en las calles de su amada Habana bajo el dominio egoísta de Batista. Mientras las bandas se amotinaban en las calles, a Batista le preocupaba más el hecho de que el conteo de cartas y otros métodos de engaño ocurrieran en los casinos. Esto era malo para los negocios, y el turismo era esencial para la economía de La Habana y para llenar los bolsillos de Batista. Su solución fue invitar a algunos de los jefes de la mafia más poderosos del mundo a tomar el control de los casinos y sofocar las trampas y la violencia. Lucky Luciano y Meyer Lansky estaban entre los mafiosos que trabajaban para "limpiar" los casinos de La Habana, un negocio que encontraban muy lucrativo. Los ricos de Cuba se hacían cada vez más ricos; pero al seguir sufriendo sin atención médica ni educación, los pobres se hacían cada vez más pobres.

Fidel sabía que tenía que hacer algo. Había tratado de tomar el control del país por la ruta habitual, pero con Batista describiendo su régimen como "democracia disciplinada" en realidad, algo más cercano a la dictadura, sabía que tenía que intentar otro método. El Bogotazo, por mucho que le hubiera moldeado, le había hecho reacio a recurrir a la violencia a tan gran escala. Había visto morir a demasiada gente común y corriente. En cambio, usó su otra habilidad para enfrentar a su nuevo oponente: la ley. Sabiendo que las acciones de Batista eran inconstitucionales, Fidel comenzó a presentar demanda tras demanda contra Batista y su administración, decidido a probar que el propio Batista estaba infringiendo la ley y que había que detenerlo.

Su intento estaba condenado desde el principio. Los tribunales estaban todos a favor de Batista; o bien se beneficiaban de los lujos de su régimen, o bien estaban aterrorizados de enfadar a su policía secreta. Fidel pudo haber estado en peligro por estos policías, pero hay poca investigación que sugiera si realmente lo acosaron durante este tiempo. De cualquier manera, no importa cuán bien investigado o bien presentado fuera el argumento de Fidel, cada uno de sus casos en la corte fue un completo fracaso.

Aunque no había sido originalmente parte de su plan, Fidel se dio cuenta de que no tenía elección. La única forma en que iba a vencer a Batista era con violencia.

* * * *

26 de julio de 1953. Las calles soñolientas de Santiago de Cuba le eran familiares a Fidel mientras su auto rodaba silenciosamente en la semioscuridad. En las primeras horas de la mañana después de un festival de verano, la ciudad estaba tranquila. Los restos del jolgorio de anoche yacían en las calles en forma de botellas y paquetes desechados, pedazos de decoraciones envueltas en la cuneta. Cansada de la fiesta, la ciudad dormía. Todo excepto por Fidel y sus otros 165 revolucionarios. Habían estado entrenando y planeando este ataque durante meses, y estaban decididos a desencadenar una revolución que cambiaría la cara de la isla para siempre.

La mirada de Fidel fue constante a través del parabrisas mientras conducía su coche fuera de la ciudad y hacia una granja que había contratado para esta ocasión. Conocía bien estas calles; hace menos de una década, había sido un escolar despreocupado aquí, escribiendo cartas al presidente de los Estados Unidos y pidiendo billetes de diez dólares. Ahora tenía cosas más importantes en mente.

Reunió a sus revolucionarios en la granja, y se dividieron en tres grupos, dirigiéndose a atacar tres edificios importantes diferentes en Santiago. El primero era el hospital militar; el segundo, el Palacio de Justicia; y el tercero, el Cuartel Moncada. Este último sería el más bien defendido, por lo que Fidel dirigió personalmente el ataque al cuartel. Junto con otros noventa revolucionarios, Fidel se dirigió al cuartel en una caravana de coches, todos sus hombres vestidos con uniforme militar. Se esperaba que los guardias se engañaran brevemente al pensar que los atacantes eran simplemente una caravana que acompañaba a algún personaje importante para visitar el cuartel. No era necesario engañarlos durante mucho tiempo, solo lo suficiente para que los hombres de Fidel se apresuraran a entrar, tomaran todas las armas que pudieran (ya que no tenían muchas propias) y tomaran el control del cuartel si era posible. Había más de diez veces el número de soldados en los cuarteles que de revolucionarios, pero Fidel esperaba que el elemento de sorpresa compensara su falta de número.

No iba a ser así. Cuando Fidel se acercó al cuartel, vio que los guardias estaban mucho más atentos de lo que había pensado. Se pusieron muy atentos cuando el coche se acercó, cogiendo sus armas. Viendo que el elemento de sorpresa había desaparecido, Fidel apretó el volante, pisando el acelerador. El coche se desvió de la carretera y se sumergió directamente en las puertas del cuartel. La cabeza de Fidel se golpeó contra el volante con el impacto, y los guardias abrieron fuego. Desorganizados y en pánico, la banda de revolucionarios inexpertos de Fidel trató de devolver el fuego, de retirarse, de hacer cualquier cosa. Sacó su propia arma y disparó a los guardias, gritando a sus hombres, tratando de levantarles la moral. Pero sabía que la batalla se había perdido antes de que empezara. Incluso mientras intentaba defenderse, su gente moría a su alrededor, y Fidel sabía que no tenían ninguna posibilidad. A regañadientes, llamó a la retirada. Sus hombres se dispersaron, algunos fueron capturados por los guardias, otros lograron llegar al campo. Los que fueron capturados por los soldados fueron ejecutados sumariamente, sus cuerpos fueron arrastrados de vuelta al campo de batalla para que pareciera que habían muerto en la lucha.

Fidel fue uno de los pocos que escapó. Junto con diecinueve camaradas, huyó hacia el interior del país, su sueño se hizo añicos, su pequeño ejército casi destruido, y su corazón aún en llamas con la determinación de derrocar a Batista.

Capítulo 6 - La historia me absolverá

"Condenarme". Fidel Castro levantó la cabeza. "No importa. La historia me absolverá".

Con esas palabras, cerró su defensa contra el tribunal que quería enviarlo a prisión por décadas. El discurso había durado cuatro horas, a pesar de que Fidel no tenía acceso a ningún libro para ayudar a formularlo y no se le permitía llevar sus notas a la sala del tribunal, y había sido más un discurso público al pueblo que un desesperado alegato por la libertad. En ella, Fidel contaba la historia de lo que había sucedido después del ataque al Moncada: cómo él y algunos de sus compañeros habían huido hacia la Sierra Maestra, cómo se habían acurrucado en una choza escuchando las enfurecidas transmisiones de radio de Batista, incluso mientras sus ejércitos merodeaban por las montañas buscándolos. El plan de Fidel había sido iniciar una guerra de guerrillas con su ahora disminuido ejército desde una base en las montañas, pero pronto quedó claro que Batista no tenía intención de dar a ninguno de ellos la oportunidad.

Muchos de los rebeldes ya habían sido capturados cuando Fidel escuchó las emisiones de radio. Fueron implacablemente torturados de la manera más degradante, pero ninguno de ellos traicionó nada sobre el plan detrás del ataque. Sentado en la choza, Fidel escuchó con pena e indignación la ejecución de sus compañeros revolucionarios. Fotografías filtradas mostraban las horribles torturas que habían sufrido antes de ser ejecutados por el pelotón de fusilamiento. Sin embargo, ninguno de ellos se rindió. Solo después de una búsqueda diligente durante varios días, el ejército de Batista encontró a Fidel y a sus camaradas.

El público estaba alborotado. Las fotografías filtradas los habían puesto a todos en pie de guerra por el trato injusto de los revolucionarios, hombres y mujeres que el pueblo ya veía como héroes trágicos contra un tirano. Viendo que estaba a punto de presenciar el levantamiento que Fidel había intentado provocar, Batista decidió aplacar al pueblo dando mucha publicidad al juicio de Fidel. Fue un terrible error de su parte. Fidel usó la cobertura mediática que el juicio tuvo a su favor trayendo su propia defensa y dirigiéndose a su gente casi directamente a través de la sala del tribunal.

Fidel continuó su discurso describiendo el coraje y el sacrificio de esos camaradas, describiéndolos como poseedores de todo el honor que le faltaba a la actual administración y algo más. Con una fuerte emoción en su voz, los describió como héroes y dijo a las masas que se reunieron ante sus pantallas de televisión que la venganza nunca podría ser suficiente para pagar por sus vidas. Esto fue posiblemente un movimiento estratégico para evitar que el pueblo desencadenara una revuelta desorganizada similar a la del Bogotazo; de cualquier manera, el argumento de Fidel de que ni siquiera las vidas de sus oponentes eran lo suficientemente valiosas como para pagar por la pérdida de sus camaradas era poderoso.

Citó a Batista como un monstruo y un ladrón, citando la criminalidad de Batista como su razón para creer que iba a ir a la cárcel sin importar la defensa que diera. En contraste, se llamó a sí mismo un humilde y ordinario ciudadano. En este punto, ciertamente no lo era; de hecho, el nombre de Fidel Castro estaba de repente en los labios de la nación.

Fidel cerró su discurso con la afirmación de que sabía que iba a ir a la cárcel. Incluso sabía dónde: a la Cárcel Modelo de la isla de Pinos, a la que llamó "ignominiosa". Añadió que sería justo que se uniera a sus camaradas allí y participara en su sufrimiento. Con eso, el juicio había terminado.

* * * *

El discurso de Fidel, grabado y circulado en secreto entre la gente común y los simpatizantes rebeldes bajo el título de "La historia me absolverá", permitió vislumbrar al hombre no solo como revolucionario sino como intelectual. Fidel no solo habló durante cuatro horas únicamente de memoria, sino que el discurso en sí fue una obra maestra elocuente de lenguaje emotivo, con un flujo y un ritmo que llegó directamente al corazón del público. Discutió la ley y la historia con una profundidad impresionante, y más que eso, transmitió el mensaje de Fidel con abundante claridad.

Una cosa que no fue una defensa exitosa en la corte. No tenía la intención de serlo; Fidel sabía que iba a ir a la cárcel de todas formas. Después de su discurso del 16 de octubre de 1953, fue sentenciado a quince años en la Prisión Modelo, junto con su hermano mayor, Raúl. Raúl había sido socialista y político durante más tiempo que Fidel, y había sido uno de los comandantes del ataque al Moncada.

Durante dos años, Fidel y Raúl estuvieron atrapados en la isla de Pinos. La prisión era bastante moderna y bien mantenida, pero la falta de libertad irritaba cada parte de la psique de Fidel. Sin embargo, no permitió que se interpusiera en el camino de la revolución que aún estaba planeando. Fidel continuó comunicándose con sus compañeros dentro de la prisión, educándolos y entrenándolos en una unidad que ahora llamaba el Movimiento 26 de julio en honor a la fecha del ataque al Moncada. Conmovidos por la voluntad de su líder de unirse a ellos en la prisión, la tragedia del ataque empujó a los hombres a ser más leales a la causa en lugar de menos. Se unificaron en un grupo firme y decidido conocido como MR-26-7.

Mientras que la carrera política de Fidel parecía condenada, en realidad crecía tan ocupada y silenciosamente como una semilla germinal. Su vida personal, sin embargo, estaba en proceso de desmoronarse. A pesar de que continuamente escribía cartas a Mirta, su matrimonio estaba fracasando, un hecho que se hizo evidente cuando Mirta empezó a trabajar en el Ministerio del Interior. Enfurecido, Fidel pidió el divorcio, seguido rápidamente por Mirta, que obtuvo la custodia de Fidelito.

Mientras tanto, Batista continuó su férreo dominio sobre Cuba. Celebró unas elecciones presidenciales fraudulentas en 1954, que ganó sin oposición. Los simpatizantes de Fidel, sin embargo, decidieron utilizar las elecciones falsas como una plataforma desde la que pudieran expresar su firme opinión: querían la amnistía, y querían que Fidel, Raúl, otros miembros del MR-26-7 y otros prisioneros políticos fueran liberados. Consciente de que su país estaba al borde de una violenta revuelta, Batista decidió que una amnistía podría devolverle a la gente los buenos términos. Estuvo de acuerdo, y Fidel y los otros prisioneros fueron liberados en 1955.

Fidel regresó a La Habana y una vida personal que estaba hecha pedazos. Su bufete ya no funcionaba, Mirta y Fidelito se habían ido, y muchos de sus familiares también lo rechazaron por ser tan radical. Nada de esto podía aplastar su celo revolucionario. A pesar de que durante este período se convirtió en un mujeriego concibiendo dos hijos ilegítimos diferentes, Fidel continuó dando conferencias de prensa y emisiones de radio, a pesar de que el gobierno lo vigilaba de cerca.

Sin embargo, no podía quedarse en Cuba por mucho tiempo. La amnistía tuvo el efecto contrario a lo que Batista esperaba. Con sus líderes liberados, el pueblo se volvió cada vez más inquieto y violento, incluso hasta el punto de hacer estallar bombas. Batista se vio obligado a empezar a acorralar a los rebeldes de nuevo, y Fidel sabía que no era bueno para Cuba mientras estuviera en prisión. Fidel, Raúl y otros miembros del MR-26-7 se vieron obligados a huir del país.

Antes de irse, Fidel envió una carta a la prensa. "Ha llegado la hora de tomar nuestros derechos y no de rogar por ellos", decía. Aún no había terminado con Cuba.

Capítulo 7 - La Revolución Cubana

Ilustración 4: Fidel y un camarada en 1961

Ciudad de México: la capital de una nación que acababa de experimentar su propia revolución exitosa. Fidel y sus camaradas deambulaban por las calles, mirando a un país cuya economía estaba floreciendo después de una revolución duramente ganada. Mientras que los burros y los ponis seguían siendo utilizados popularmente en las calles para transportar todo, desde personas hasta madera y paja, en realidad, México se estaba haciendo cada vez más próspero. Era la prueba de que Fidel quería ver que la revolución podía llevar a un futuro mejor para el pueblo.

Fue en México donde Fidel conoció por primera vez a un joven argentino de ojos oscuros llamado Ernesto Guevara, aunque les dijo a Fidel y a Raúl que sus amigos lo llamaban simplemente "Che". Al igual que Fidel, las filosofías del Che eran profundamente comunistas; también como Fidel, él había observado los horrores de América Latina y los atribuía al capitalismo en general y al imperialismo de los Estados Unidos en particular. Sin embargo, a diferencia de Fidel, el Che tenía una experiencia más significativa en revoluciones, habiendo pasado tiempo en Guatemala durante sus propios levantamientos violentos. Fidel inmediatamente se aficionó al Che, que también era un médico calificado. El argentino fue rápidamente adoptado en el MR-26-7, y aunque era un extranjero e inicialmente visto con sospecha por los cubanos, el Che se convirtió rápidamente en uno de los líderes del movimiento. Una vez que los cubanos lo conocieron, aprendieron a agradar y a confiar profundamente en él.

Fidel estaba trabajando duro con Raúl, el Che y el resto de los MR-26-7 para armar un nuevo ataque contra las fuerzas de Batista. Esto implicó el entrenamiento de sus tropas, la obtención de armas, e incluso el comando de un yate para el viaje de regreso a Cuba. Sin embargo, pasó algún tiempo con Fidelito, su hijo. Cuba no tenía idea de que Fidel estaba planeando en secreto otra revolución, así que Fidel se las arregló para obtener la custodia de Fidelito para una breve visita. Fidelito estaba originalmente destinado a quedarse en Ciudad de México durante dos semanas, pero Fidel no tenía intención de entregar a su hijo y se las arregló para mantener a Fidelito con él durante un corto tiempo más antes de que hombres armados, posiblemente de la policía cubana, lo secuestraran de nuevo y lo devolvieran a Mirta.

La pérdida del único hijo que reconoció oficialmente debe haber sido aplastante para Fidel, pero continuó trabajando en la revolución, y el 25 de noviembre de 1956, finalmente estaba listo para volver a Cuba. Con ochenta de sus camaradas, Fidel se amontonó en el recién renovado yate que le habían requisado a un turbio traficante de armas. Se llamaba el *Granma*, y solo estaba diseñado para llevar a doce personas, pero de alguna manera, se las arregló para llegar a Cuba. Su tripulación sufrió condiciones horribles en su bodega estrecha, sin suficiente comida y con poco combustible; de hecho, su navegante incluso se cayó por la borda en un momento dado. Fidel se negó a dejar al hombre atrás. Su determinación de buscar al navegante hasta que pudiera ser encontrado y devuelto al barco casi le costó la Revolución Cubana. Es probable que solo por la mano firme de su timonel, un veterano de la Segunda Guerra Mundial llamado Norberto Collado Abreu, logró llegar a Cuba.

El *Granma* llegó a un manglar en la costa este de Cuba el 2 de diciembre de 1956, en algo que fue más un lento naufragio que un asalto real. Mareados pero eufóricos por haber llegado a su destino, el pequeño ejército de Fidel salió de su bodega, llevando sus armas sobre sus cabezas mientras vadeaban la orilla. Fidel estaba a la cabeza de ellos, con la cintura metida en el agua, su rifle sostenido en brazos doloridos mientras gritaba palabras de aliento, instándoles a atravesar los manglares pegados y llegar a la orilla. Estaba montando una gran ola de excitación y pasión, encantado de estar finalmente de vuelta en el suelo de la isla que adoraba. Sin embargo, tenía que haber sabido, mientras ayudaba a su harapiento ejército a llegar a la orilla, lo difícil que era. Había ochenta y un revolucionarios; el ejército de Batista era de decenas de miles. Las estadísticas decían que estaban condenados al fracaso.

Las estadísticas eran casi correctas. Fidel y sus hombres acababan de empezar a caminar por la selva, dirigiéndose una vez más a la Sierra Maestra, cuando el sonido de los disparos rompió el aire. Fidel gritó a sus hombres que se pusieran a cubierto, pero ya era demasiado tarde. Las balas de los aviones de guerra de Batista ametrallaron la selva, destrozando los árboles, la tierra y la humanidad. En el caos de la batalla, los hombres de Fidel no tuvieron más remedio que dispersarse. El ejército de Batista los había encontrado, y en setenta y dos horas, la gran mayoría de las tropas de Fidel estaban muertas o capturadas.

Solo quedaban diecinueve. Entre ellos estaban Fidel, Raúl y el Che, que habían sido heridos. Fidel y dos camaradas seguían juntos después de un ataque en una plantación de azúcar que había diezmado la mayor parte de su ejército. Fidel había querido ir a la batalla y salvar a sus compañeros heridos, ya que los soldados de Batista trataban brutalmente a los heridos de sus amigos y enemigos. Sus camaradas lo convencieron de que huyera, protestando porque la revolución lo necesitaba si iba a tener éxito.

El argumento funcionó. Fidel se escondió con un simpático granjero, y a regañadientes, los remanentes rezagados del MR-26-7 se le unieron. Algunos estaban heridos, otros estaban aturdidos por su experiencia, pero todos estaban decididos a luchar. El día de Navidad de 1956, Fidel los reunió con un discurso entusiasta que dejó una cosa muy clara. Su ejército había sido casi destruido. Pero aún no había terminado de luchar por la libertad de Cuba.

* * * *

La vida nocturna de La Habana había estado muriendo lentamente mientras el aplastante puño de Batista se cerraba cada vez más alrededor de la ciudad, aunque sabía que se le escapaba de las manos. Cuanto más terreno ganaban los rebeldes mientras se esforzaban por bajar de la Sierra Maestra, su ejército de 300 superando al de 20.000, más brutalmente Batista trataba a su gente. La libertad de expresión estaba casi destruida, la Universidad de La Habana había sido cerrada durante dos años, y la policía secreta estaba arrestando y torturando incluso a personas inocentes a voluntad. La gente sintonizaba *Radio Rebelde*, la estación pirata de los revolucionarios, para escuchar cómo Fidel Castro, Che Guevara, Raúl Castro, Camilo Cienfuegos y otros líderes rebeldes estaban golpeando al ejército de Batista. Se acercaban cada vez más al oeste, tomando pueblos e incluso ciudades, haciendo que el ejército retrocediera cada vez más. Era una época de vacaciones sombrías para el pueblo de La Habana, que se escondía en silencio en sus casas, esperando un avance, demasiado asustado para caminar por las calles.

La buena noticia llegó el día de Año Nuevo de 1959. La columna del Che Guevara había derrotado a Santa Clara, y el coraje de Batista le falló. Con el rabo entre las piernas, el dictador y su familia huyeron a la República Dominicana, donde fueron acogidos por el mismo tirano, Rafael Trujillo, que Fidel había intentado derrocar una vez. Trujillo seguía en el poder, pero Batista se había ido. El pueblo empezó a salir a las calles, y de repente La Habana se convirtió en una gran fiesta.

El ejército de Batista se rindió completamente después de Santa Clara. La palabra se extendió como un incendio forestal a través de La Habana: su salvador estaba llegando. Fidel Castro iba a llevar a su ejército a casa a través de las calles llenas de ciudadanos alegres. El 8 de enero de 1959, Fidel finalmente llegó. Lo que parecía que toda la ciudad se había reunido para conocerlo. La multitud se extendió por manzanas enteras, llenando las calles y convirtiendo las avenidas, una vez silenciadas, en columnas atestadas de una humanidad sobreexcitada. Cuando Fidel se acercó a los micrófonos para dar su primer discurso público real en la ciudad de La Habana, se quedó momentáneamente atónito mientras miraba a toda la gente. La reunión se extendió hasta donde el ojo podía ver; muchas personas ni siquiera podían oírlo, pero todos querían estar allí. Era un escenario muy diferente al de su más conocido discurso, "La historia me absolverá", en un frío tribunal ante la audiencia de un juez severo.

Hoy, el pueblo estaba gritando de alegría. Fidel se detuvo un momento, pensando en todo lo que habían pasado, en la prolongada guerra de guerrillas donde él y sus hombres habían logrado lo imposible. Empezando por asaltar pequeños puestos de avanzada, se habían abierto camino hasta enfrentarse a todo el ejército de Batista, y habían ganado. Su corazón se hinchó de orgullo, y se acercó a los micrófonos.

"Compatriotas. Hablando aquí esta noche, se me presenta quizás una de las tareas más difíciles de toda esta larga lucha, que comenzó el 30 de noviembre de 1956, en Santiago de Cuba...".

Encantado de hablar por fin públicamente al pueblo, el discurso de Fidel duró horas. Cuando protestaba que realmente debía seguir con otras cosas, el pueblo le pedía a gritos que se quedara. Era apasionado, eléctrico, inclinándose y gritando en los micrófonos, su gente rugiendo con aprobación y aplaudiendo apto para estremecer a toda la ciudad. Estaba muy oscuro cuando Fidel pronunció sus últimas palabras. Agradeció a la gente por estar allí, protestando que era más de lo que él y sus revolucionarios realmente se merecían (lo que provocó gritos de "¡No!" por parte del público). "Cuando llegue el momento de enterrarnos", gritó su última frase, "ese día, ¡tanta gente como hoy estará aquí, porque nunca decepcionaremos a nuestro pueblo!".

Pero a pesar de sus mejores intenciones, Fidel no tenía idea de lo equivocado que estaba.

Capítulo 8 - Enfrentamiento con el Tío Sam

Fidel tenía solo treinta y dos años cuando dirigió la triunfante Revolución por las calles de La Habana. En ese momento, su título oficial era el de representante de las Fuerzas Armadas Rebeldes de la Presidencia, y originalmente parecía que las cosas seguirían así. Manuel Urrutia Lleó fue nombrado presidente. Urrutia era un abogado cuyos ideales políticos no eran tan radicales como los de Fidel y otros miembros del MR-26-7, y su gobierno era por decreto. Fidel no había dado al pueblo la democracia que le había prometido. En cambio, decidido a que los revolucionarios que habían luchado tanto por Cuba nunca perdieran el control de la isla a la que habían dado sus vidas, Fidel se aseguró de que el gabinete de Urrutia estuviera lleno de miembros del Movimiento.

Con la presidencia ocupada por el momento, Fidel se dedicó a otros deberes. En primer lugar, se ocupó de los leales a Batista que quedaban en Cuba. Mientras que muchos de ellos ya habían huido de la isla, muchos de los mismos que habían torturado y matado a miles de cubanos seguían en el país, y el público pedía a gritos la sangre. Demasiados seres queridos se habían perdido para que el pueblo los olvidara. Querían que sus seres queridos fueran vengados en nombre de la justicia. Fidel respondió al pueblo organizando los juicios de cientos de miembros del gobierno de Batista. Estos juicios se basaron, en palabras de Fidel, en la "convicción moral" en lugar de la ley y resultaron en la ejecución de cientos de personas.

Los Estados Unidos ya sospechaban de Fidel, y su prensa era una de las más fuertes críticas de estos juicios. Cuando juró como primer ministro en febrero de 1959, todavía bajo la presidencia de Urrutia, se dio cuenta de que no podía permitirse el lujo de que su poderoso vecino se convirtiera en un enemigo. Se fue de gira por los Estados Unidos en abril, pero fue mal recibido. El presidente estadounidense Dwight D. Eisenhower se negó a reunirse con él. El vicepresidente Richard Nixon se reunió con Fidel en su lugar, y aunque no hubo enfrentamientos públicos durante la visita de Fidel, ver a los Estados Unidos no hizo nada para convencerlo de que el capitalismo era el camino a seguir después de todo.

Fidel regresó a Cuba más decidido que nunca a convertirla en un estado comunista. Aunque todavía no había declarado públicamente su ideología como marxista-leninista, comenzó a reunirse con un partido socialista en Cuba (del que Raúl había sido miembro) para discutir el giro del país hacia la izquierda. Los Estados Unidos se enojaron aún más cuando Fidel comenzó a nacionalizar activos como casinos y granjas que eran propiedad de ciudadanos estadounidenses; la preocupación creció aún más a medida que nombraba a conocidos comunistas para importantes cargos gubernamentales. Fue como resultado de este sesgo izquierdista que Urrutia se vio obligado a renunciar a su puesto, permitiendo a Fidel nombrar a un marxista como presidente.

Mientras los Estados Unidos todavía recordaban su papel como salvador de Cuba hace sesenta años durante la guerra hispano-estadounidense, era evidente que Fidel se estaba convirtiendo en un problema. En el mejor de los casos, era un insulto a la gran nación capitalista; en el peor, algunos temían que se convirtiera en un enemigo peligroso. Reacio a declarar la guerra, la Agencia Central de

Inteligencia decidió que la mejor manera de tratar con él sería asesinarlo. Algunas fuentes dicen que a lo largo de los años fueron realizados más de seiscientos atentados contra la vida de Fidel, y aunque esto puede parecer un poco cuestionable, es indudable que la CIA lo quería muerto. "Si sobrevivir a los intentos de asesinato fuera un evento olímpico, ganaría la medalla de oro" se convirtió en una de las líneas favoritas de Fidel. Y algunas de sus tramas eran tan fascinantes como sus fracasos.

* * * *

Todo comenzó con un número en una caja de fósforos.

Marita Lorenz era trece años más joven que Fidel Castro, pero ya había visto su parte de sufrimiento. Nacida en Alemania, era hija de una bailarina y un capitán de barco. De niña, ella y su madre tuvieron que soportar los horrores del campo de concentración de Bergen-Belsen; una vez liberadas, viajaron con su padre a América, donde ejercía su oficio a bordo del MS Berlín cuando hicieron un corto viaje a La Habana en 1959.

Fue aquí donde Marita puso sus ojos por primera vez en el primer ministro de Cuba. Recién llegado de las montañas, de aspecto rudo, sus ojos oscuros brillando entre las cejas pesadas y una barba peluda, y le robó el corazón a la chica de diecinueve años. Le dio el número de su casa en una caja de fósforos, y una vez que regresó a Nueva York, Marita recibió una llamada de él. Él estaba enviando un avión para ir a buscarla.

Atrapada en un vertiginoso romance adolescente, Marita tomó el avión sin dudarlo. Su amante la esperaba en el Habana Hilton. Se quedó con él durante meses, ignorando el hecho de que sus opiniones socialistas de alguna manera se hacían eco de las de Hitler, el hombre que había sido responsable de su encarcelamiento en Bergen-Belsen. Pero lo que no podía ignorar era la pérdida de su embarazo. Fidel no quiso tener nada que ver con el bebé cuando descubrió que Marita estaba embarazada, y cuando perdió a su hijo, no se sabe si fue por un aborto espontáneo o forzado, no pudo perdonarlo.

Al regresar a Manhattan, la despreciada joven comenzó a buscar su venganza. Su madre se había convertido en espía de la CIA, y era natural que Marita fuera reclutada. Ella era una oportunidad de oro para deshacerse del creciente problema en Cuba, y sus reclutadores rápidamente lo reconocieron.

En 1960, armada con píldoras venenosas que escondió en un frasco de crema facial, Marita regresó a La Habana. Le dijo a Fidel que solo quería volver a verlo, que lo sentía, que lo quería de vuelta. En realidad, ella iba a asesinarlo y finalmente vengar a su hijo no nacido.

Ese era el plan, de todos modos. Según Marita, en el momento en que puso los ojos en la encantadora ciudad de La Habana, supo que no podía hacerlo. Cuando saludó a Fidel y llegó a su habitación de hotel, descubrió que la crema en la que había escondido las píldoras las había inutilizado.

Pero Fidel lo sabía. Cuando Marita salió del baño, él estaba de pie en la habitación del hotel, soplando un penacho de humo de su característico cigarro cubano. Estudiándola de manera casual, le preguntó, "¿Estás aquí para matarme?".

No había miedo o agresión en su voz. Marita se desmoronó. Admitió que lo estaba. Fidel sacó su pistola, y Marita se encogió, pero él simplemente se la entregó. Sus ojos eran oscuramente juguetones. "Hazlo", le dijo. Pero mirando a esos ojos, Marita no pudo. "No puedes matarme", se rio Fidel, animado por la adrenalina. "Nadie puede matarme".

Su confianza a capa y espada fue demasiado para ella. Marita cayó en sus brazos y se convirtió en uno de los primeros agentes de la CIA que no pudo matar a Castro.

* * * *

La relación de Fidel con los Estados Unidos siguió siendo famosa por su tensión durante todo el tiempo que estuvo en el poder. De hecho, el presidente Kennedy incluso pidió a la CIA que derrocara su gobierno, dándoles trece millones de dólares para hacerlo y permitiéndoles aliarse con la Mafia, que se enfureció cuando Fidel resultó no ser tan corrupto como sus predecesores. Cuando los intentos de asesinato fracasaron, los exiliados cubanos y la CIA intentaron invadir Cuba, un intento de control que fue aplastado decisivamente durante la invasión de Bahía de Cochinos de 1961. Para entonces, Fidel era el único primer ministro de Cuba, ya no solo un primer ministro que trabajaba bajo un presidente.

El momento más tenso de la Guerra Fría también ocurrió entre Cuba y los Estados Unidos en 1962. El mundo nunca había estado tan cerca del desastre nuclear como cuando el presidente John F. Kennedy descubrió el hecho de que la Unión Soviética, uno de los aliados más cercanos de Cuba, había construido varios misiles nucleares en suelo cubano. A solo 90 millas de Florida, la guerra nuclear estaba al acecho. Aunque ninguno de los misiles fue lanzado, causaron dos semanas de tensión en todo el mundo. Con eso, el mundo conocía el nombre de Fidel Castro. "*El Comandante*", como se le conocía en Cuba, se había convertido en una de las personas más importantes del planeta.

Fidel fue una espina clavada en el costado de América toda su vida, y Cuba sigue siendo un punto delicado para los Estados Unidos aún hoy.

Pero a medida que se acercaba el final del siglo XX, se estaban gestando problemas en el territorio de Fidel. El gran aliado de Fidel, la Unión Soviética, pronto se derrumbaría. Y eso traería consigo uno de los tiempos más difíciles en la historia de Cuba.

Capítulo 9 - El fracaso

En enero de 1969, Fidel y el resto de la nación celebraron el décimo aniversario de la Revolución Cubana. Pero había nubes oscuras en el cielo cuando Fidel se dirigió a su jubiloso pueblo. Su discurso fue tan apasionado y emocionado como siempre, pero tenía una nota de cautela.

La exportación más importante de Cuba, con un 85% de todas las exportaciones, era el azúcar. La Unión Soviética compraba la mayor parte del azúcar de Cuba a precios inflados como parte de su política de ayuda a los países comunistas en desarrollo, y este cultivo se había convertido en la piedra angular de la economía cubana. La cosecha de azúcar de 1969, sin embargo, estaba amenazada. Cuando un devastador huracán arrasó con la cosecha, haciendo pedazos gran parte de ella, Fidel y el resto de Cuba quedaron consternados. Fidel había prometido a su país que cumplirían con la cuota de ese año, e intentó todo lo que estuvo a su alcance para que funcionara. Se reclutaron soldados del ejército cubano para trabajar en los cañaverales, se alargó la temporada de cosecha, y prácticamente todos los cubanos terminaron cortando caña, incluido el propio Fidel.

Pero no era lo suficientemente bueno. La cosecha de azúcar de 1969 fracasó. Por primera vez, Cuba ni siquiera tenía suficiente azúcar para su propio pueblo. Un Fidel con el corazón roto tomó los micrófonos para dar un discurso público a una multitud reunida. Sus rostros levantados miraban al querido *El Comandante* con esperanza y miedo, sus ojos le rogaban que les dijera que de alguna manera iban a lograrlo.

Ya de mediana edad, Fidel se quedó mirando a su esperanzada nación, sintiendo poca esperanza. A sus ojos, este fue su primer gran fracaso, aunque el mundo capitalista había argumentado lo contrario durante décadas. Se sentía indigno del pueblo, y la solución que les ofreció era una que ellos y el resto del mundo no habían visto venir. Se ofreció a renunciar.

La gente estaba horrorizada. A pesar del hecho de que la situación económica era tan grave que se racionaban ciertos alimentos, clamaban por que se quedara, insistiendo en que le necesitaban a *él* para dirigirlos a ellos y a nadie más. Fidel aceptó quedarse. Y se quedaría, durante décadas.

* * * *

Si bien la economía de Cuba se estabilizó en cierta medida, ayudada por los préstamos de la Unión Soviética, Fidel pasó los decenios de 1970 y 1980 ayudando a los países comunistas en desarrollo. En su mente, la Revolución Cubana fue más que solo Cuba. Se trataba de desarrollar lo que él veía como justicia social en todo el mundo.

Los ideales de Fidel siguieron siendo muy controvertidos, y siempre lo serían. Mientras que la rica clase media cubana lo odiaba, los cubanos de la clase trabajadora amaban muchas de sus políticas. Fidel cumplió sus promesas de mejorar la educación y la salud, así como de bajar el costo de la renta y mejorar el salario mínimo. Pero en otras áreas, fue considerado un tirano, especialmente por los Estados Unidos. La libertad de expresión se vio gravemente obstaculizada; incluso en las artes, a los escritores, poetas y pintores no se les permitía expresar ningún sentimiento antirrevolucionario. La religión fue suprimida, la Navidad ya no se reconoció como fiesta nacional y el gobierno fue declarado oficialmente ateo. Aunque la discriminación racial no era tan común en Cuba como en el resto del mundo, otros grupos fueron perseguidos, específicamente los hombres homosexuales.

Aun así, Fidel creía que su ideología era el epítome de la justicia social, y quería llevar su mensaje al mundo. Comenzó en 1971 visitando Chile, que era un estado socialista en ese momento y estaba a punto de caer en una dictadura militar. A esto le siguieron rápidamente visitas a Guinea, Alemania Oriental, Polonia, Checoslovaquia y su gran aliado, la Unión Soviética, entre otros. Fue bien recibido como un héroe del comunismo en estos países. También dedicó muchos de los recursos de Cuba a ayudar a otros estados socialistas, como el envío de tropas a Angola durante su guerra civil, donde lucharon contra la época del apartheid, en Sudáfrica, una medida que le valió a Fidel la amistad del héroe sudafricano Nelson Mandela en años posteriores, y la educación de miles de médicos cubanos para que trabajaran en países en desarrollo.

En muchos sentidos, los años 70 y 80 fueron el apogeo de Fidel. Se convirtió en un jugador en el peligroso juego de la política mundial, convirtiéndose en el presidente del Movimiento de los No Alineados (NAM). Sin embargo, la economía cubana sobrevivía con préstamos soviéticos, y a medida que se acercaba la década de 1990, se hizo evidente que la era del comunismo estaba llegando a su fin en Europa. Esto era una mala noticia para Cuba. Al igual que el Muro de Berlín cayó en 1991, también lo hizo el corazón de Fidel: no habría más subsidios de la Unión Soviética, ni más préstamos, ni más exportaciones de azúcar muy caras. Resultó en el más espectacular colapso que la economía cubana había experimentado hasta entonces, uno que haría a muchos cubanos nostálgicos de Batista. Conocido como el "Período Especial Cubano", este fue un tiempo que hizo retroceder el reloj cubano cientos de años. Incapaces de permitirse los combustibles fósiles, muchas familias volvieron a utilizar los animales para el transporte y la agricultura; la industria azucarera, que había sido la columna vertebral de la economía durante siglos, se desmoronó y la mayor parte de la isla se dedicó a la agricultura de subsistencia para alimentar a un pueblo hambriento; y la propia Habana, que en su día fue una joya del Caribe, empezó a desmoronarse.

Durante diez años, Cuba pasó hambre frente a los ojos de Fidel. Sin embargo, incluso ver a su propio pueblo sufrir no fue suficiente para romper su agarre de muerte al comunismo. Aun así, Fidel sabía que tendría que hacer algo o su nación no iba a sobrevivir. Se vio forzado a doblar su voluntad hasta el punto de permitir que los turistas americanos volvieran a La Habana, con la esperanza de que esta industria reavivara la economía de nuevo. Incluso hubo que permitir el ingreso de dólares estadounidenses, y se redujo la nacionalización de empresas, permitiendo a los cubanos abrir pequeñas empresas una vez más.

Sin embargo, nada de esto fue suficiente. Solo en 1999, cuarenta años después de la Revolución, se pudo ver una luz al final del túnel. Hugo Chávez, un conocido socialista, fue elegido presidente de Venezuela. Fidel tenía setenta años y su barba gris grisácea daba testimonio de que tenía décadas de experiencia; Chávez, de mediana edad, buscaba mentores y asistencia en un mundo que se estaba volviendo cada vez más de derechas. Desarrollaron una alianza que finalmente devolvería la estabilidad económica a Cuba en lo que se conocía como la Marea Rosa. También mejoraron las relaciones comerciales con naciones capitalistas como México y Canadá, y Fidel incluso extendió una mano de ayuda hacia los Estados Unidos después del 11 de septiembre. Algunos turistas comenzaron a llegar a Cuba, y a principios de la década de 2000, la economía se había estabilizado en gran medida.

Capítulo 10 - Una Cuba sin Castro

Ilustración 5: Un Fidel envejecido

La nación de Cuba vio con sentimientos encontrados como el presidente Raúl Castro, que ahora es un anciano, apareció en las televisiones de toda la isla. Sus ojos estaban rojos, encapuchados por el dolor y la miseria, y el pueblo sabía qué anuncio se avecinaba.

"El Comandante en Jefe de la Revolución Cubana murió a las 22:29 de esta noche", dijo con voz ronca. Su voz se quebró. "¡Hacia la victoria, siempre!". Las palabras eran un grito de guerra que había resonado muchas veces bajo las ramas sombrías y desgarradas de la selva que cubría la Sierra Maestra durante la dura guerra de guerrillas de hace sesenta años. Entonces, la nación de Cuba había traicionado a su dictador, su ejército desertó al lado de los revolucionarios mientras estos barrían la isla en una marea gloriosa a pesar de las adversidades.

Pero ese tiempo ya había pasado. Ahora era 2016, y Cuba era diferente. El mundo era diferente. Cuba ya no era un jugador poderoso en el escenario mundial. Era un poco irrelevante, un poco decrépito, y uno de los últimos países que se atrevió a aferrarse al comunismo en el siglo XXI. Y en todo el mundo, a pesar de que Fidel Castro no había participado en política durante años, muchos líderes capitalistas todavía respiraban aliviados porque él se había ido.

* * * *

Había comenzado en 2006. Fidel tenía ochenta años y seguía siendo el presidente, pero las grietas empezaban a aparecer. Alguna vez un poderoso oso de hombre, imponente en sus fatigas verde oliva, sus ojos ardiendo sobre su espesa barba, Fidel era ahora una figura doblada y tambaleante con el pelo fino y unos pocos pelos grises desordenados aferrados a su barbilla. Tuvo que interrumpir algunos de sus discursos debido a la fatiga; ya no tenía los días de hablar durante cuatro o cinco horas seguidas. Una vez incluso se desmayó detrás de los micrófonos, y fue una señal de lo que estaba por venir.

El 31 de julio de 2006, poco después de que Fidel fuera operado por una hemorragia interna que se filtraba por sus intestinos, anunció que delegaría su trabajo en su querido y confiable hermano Raúl por un tiempo. Fidel y sus partidarios esperaban que pronto pudiera volver al poder, pero no iba a ser así. En febrero de 2008 ya no estaba mejor y tuvo que admitir que su cuerpo ya no le permitía servir a la isla con la "devoción total" que estaba acostumbrado a proporcionar.

Raúl fue elegido presidente por la Asamblea Nacional del Poder Popular, y Fidel Castro finalmente renunció.

En sus años crepusculares, Fidel siguió involucrado en asuntos internacionales, pero era obvio que su salud le estaba pesando. Se desconoce qué le pasaba exactamente; se especula con una diverticulitis o una forma de cáncer gastrointestinal. De cualquier manera, Fidel estaba viejo y enfermo.

Finalmente falleció el 25 de noviembre de 2016, exactamente sesenta años después de que el *Granma* zarpara de México y comenzara la Revolución Cubana. Después de múltiples batallas, la participación en disturbios en toda América Latina, casi cincuenta años de poder político oficial en uno u otro cargo, tres años de prisión, un viaje que debería haber estado condenado al fracaso, y más de seiscientos intentos de asesinato, Fidel Castro murió de viejo.

Su funeral de estado incluyó nueve días de luto y una procesión de 900 millas que siguió el mismo recorrido que había hecho hasta La Habana después de su victoria en la Revolución Cubana. Dejó una familia dividida, una nación empobrecida, un legado inquebrantable y una huella innegable que había cambiado para siempre el rostro de la historia.

Conclusión

El año de la muerte de Fidel, el presidente Barack Obama de los Estados Unidos visitó La Habana en un célebre movimiento que él y Raúl Castro habían orquestado para mostrar la mejora de las relaciones entre Cuba y los Estados Unidos.

Sin embargo, el actual presidente de Cuba, Miguel Díaz-Canel, sigue siendo un profundo comunista, y hay pocos indicios de que la nación vaya a cambiar su ideología en un futuro próximo. La isla que una vez estuvo tan profundamente en el bolsillo del imperialismo estadounidense sigue oponiéndose a la política capitalista y sigue siendo un libro cerrado para gran parte del mundo exterior. Y todo esto es gracias a un hombre, Fidel Castro, un hombre cuya extraordinaria vida realmente cambió el mundo. Un hombre cuya alianza con la Unión Soviética y su devoción al comunismo casi acabó con gran parte de ella durante la crisis de los misiles en Cuba.

A pesar de los muchos errores que Fidel cometió, fue ciertamente una persona única y extraordinaria. Era un orador talentoso, un amante desleal y un líder intrépido. Nunca cedió, nunca dejó de lado sus ideales, nunca se echó atrás sin importar quién estaba en su contra, y nunca soltó su férreo control sobre su país hasta que la mala salud lo obligó a salir. Y la historia no lo olvidará.

Vea más libros escritos por Captivating History

Fuentes

https://en.wikipedia.org/wiki/Early_life_of_Fidel_Castro

https://en.wikipedia.org/wiki/%C3%81ngel_Castro_y_Argiz

https://www.thefamouspeople.com/profiles/fidel-castro-14.php

https://www.notablebiographies.com/Ca-Ch/Castro-Fidel.html

https://www.britannica.com/biography/Fidel-Castro

https://www.americamagazine.org/issue/643/100/debating-boys-dolores

https://www.nytimes.com/2007/07/27/books/27book.html

https://www.thevintagenews.com/2016/10/14/when-fidel-castro-was-14-years-old-he-wrote-a-letter-to-franklin-roosevelt-asked-him-for-a-10-dollar-bill/

https://en.wikipedia.org/wiki/Belen_Jesuit_Preparatory_School

https://mashable.com/2014/12/24/havana-before-castro-revolution/

https://rowman.com/ISBN/9780810895157/Eduardo-Chib%C3%A1s-The-Incorrigible-Man-of-Cuban-Politics#

https://www.telesurenglish.net/analysis/Fidel-Castro-Leader-Revolutionary-Survivor-20140813-0055.html

https://www.biography.com/people/rafael-trujillo-39891

https://en.wikipedia.org/wiki/Rafael_Trujillo#Cuba

https://en.wikipedia.org/wiki/List_of_revolutions_and_rebellions#1940s

https://en.wikipedia.org/wiki/Pan-American_Conference

https://www.britannica.com/biography/Jorge-Eliecer-Gaitan

https://www.thoughtco.com/the-bogotazo-april-9-1948-2136619

https://www.wnyc.org/story/embargo-or-not-castro-made-habit-visiting-ny-just-ask-bumpy-bookie/?utm_content=buffer0e87c&utm_medium=social&utm_source=facebook&utm_campaign=wnyc-facebook&fbclid=IwAR1pn08JHA0za3jwfmr3j41kKR-2guMIVSTXfK1F98cQM1gd4UpmCSRmGug

https://en.wikipedia.org/wiki/Mirta_Diaz-Balart

https://en.wikipedia.org/wiki/Fulgencio_Batista#Post-presidency

https://www.thefamouspeople.com/profiles/mirta-dazbalart-36412.php

https://en.wikipedia.org/wiki/Mirta_Diaz-Balart

https://en.wikipedia.org/wiki/Fidel_Castro_D%C3%ADaz-Balart

https://www.revolvy.com/page/Eduardo-Chib%C3%A1s

https://academicworks.cuny.edu/cgi/viewcontent.cgi?referer=&httpsredir=1&article=2435&context=gc_etds#page=146

https://www.youtube.com/watch?v=seTLehEb0kg

https://en.wikipedia.org/wiki/History_of_Mexico#Economic_%22miracle%22_%281940%E2%80%931970%29

http://internationalphotomag.com/everyday-life-in-mexico-city-in-the-1950s/

https://www.voanews.com/a/fidel-castro-death-family-torn/3612431.html

http://www.fidelcastro.cu/en/discursos/speech-commander-chief-fidel-castro-his-arrival-havana-delivered-ciudad-libertad-then

https://allthatsinteresting.com/marita-lorenz-fidel-castro

https://en.wikipedia.org/wiki/Marita_Lorenz

https://www.nbcnews.com/storyline/fidel-castros-death/fidel-castro-cias-7-most-bizarre-assassination-attempts-n688951

https://edition.cnn.com/2016/08/12/americas/cuba-fidel-castro-at-90-after-assassination-plots/index.html

https://www.history.com/topics/cold-war/cuban-missile-crisis

https://www.nytimes.com/1970/01/26/archives/cuba-mobilizes-for-sugar.html